陪孩子读《山海经》

禽鸟篇

徐客 ／ 著

江苏凤凰美术出版社

流观山海图
俯仰终宇宙

目录

禽鸟篇

鸱鸺 · 002
爱打架的三头鸟

灌灌 · 004
会使人变聪明的斑鸠

𪃍 · 006
长着人手的鸟

瞿如 · 008
三只脚的人面鸟

凤皇 · 011
百鸟之王

鹦䳇 · 014
喜欢学人说话的鸟

颙 · 016
四眼人脸鸟

鸰雏 · 018
圣洁的人面鸟

鹠渠 · 020
黑身红爪鸟

赤鷩 · 022
绿头黄羽红尾鸡

鸤鸟 · 024
红嘴巴的山翠

肥遗 · 026
黄身红嘴鹌鹑

槖蜚 · 028
一只脚的人面鸟

尸鸠 · 030
喜欢住在喜鹊的巢里

白翰 · 032
头上戴着"白帽子"的鸟

栎 · 034
红脖鹌鹑

数斯 · 036
长着人脚的鸟

鸓 · 038
两头四脚的喜鹊

鸾鸟 · 040
长着五彩羽毛的野鸡

凫徯 · 044
招致兵灾的人面鸟

蛮蛮 · 046
单眼单翅鸟

鸮鸟 · 049
眼睛长在脸正前方的猫头鹰

钦䲹 · 052
白头黑斑鹰

钦原 · 054
身上长了毒刺的大鸟

胜遇 · 056
爱吃鱼的水鸟

毕方 · 058
独脚仙鹤

鸱 · 062
一头三身的猫头鹰

𪄻鸟 · 064
有耳朵的三眼猫头鹰

䳀鹈	· 066	**树鸟**	· 084
青嘴火红野鸡		开明南的一种鸟	
鸱鸟	· 068	**三青鸟**	· 086
紫绿色的猫头鹰		三只神鸟	
窃脂	· 070	**蜚蛭**	· 088
红羽猫头鹰		四翅昆虫	
跂踵	· 072	**九凤**	· 090
单爪猪尾猫头鹰		长着九个人头的凤凰	
鹳鹆	· 074	**弇兹**	· 092
黑色八哥		人面鸟身神	
鸩	· 078	**三足乌**	· 094
吃臭虫的野鸡		三只脚的乌鸦	
比翼鸟	· 080	**五彩鸟**	· 096
长在一起的两只鸟		长着五彩羽毛的鸟	
句芒	· 082	**黄鸟**	· 098
鸟身人首神		巫山神鸟	

鹋鸲 · 100
三头六尾爱笑的鸟

当扈鸟 · 102
用髯飞翔的鸟

人面鸮 · 104
拖着狗尾巴的鸟

寓鸟 · 106
像羊一样叫的蝙蝠

鴢 · 108
能入水捕鱼的鸟

白䳂 · 110
头上有花纹的白翅鸡

竦斯 · 112
人面神鸟

鸳鹃 · 114
昼伏夜出的人面鸦

象蛇 · 116
长着五彩羽毛的野鸡

酸与 · 118
三脚六眼蛇

黄鸟 · 120
白脑袋的黄色猫头鹰

精卫 · 122
衔木填海的乌鸦

䴅雀 · 125
长着鼠脚虎爪的鸡

鸳鸪 · 128
长着人脚的鸳鸯

鹖 · 130
头上长角的野鸡

鸱 · 132
红眼红尾鸭

禽鸟篇

鹎鸺
biē fū

爱打架的三头鸟

《南山经》

有鸟焉，其状如鸡而三首六目，六足三翼，其名曰鹎鸺，食之无卧。

明代蒋应镐图本

形态 长得像鸡，三头、六眼、六脚、三个翅膀
爱好 打架
功效 吃了它的肉会不知疲劳地工作
住址 亶 (dǎn) 爰 (yuán) 山

亶爱山上还有一种鸟叫鹧鸺，长得像鸡，却有三个头、六只眼睛、六只脚、三个翅膀。由于三个头之间经常有不同的意见，所以它们常常打架，以至于把身体打得遍体鳞伤。

传说，人如果吃了类似这种有多个眼睛的禽鸟的肉，就可以把它身上的神灵之气吸收到自己身上来，就不用闭上眼睛睡觉了。据说，在古时候，富人买下它给自己的雇工吃，可以使他们不知疲劳地工作，而很少休息。

> 鹧鸺和今天的麝（shè）雉（zhì）很像。麝雉的每个翅膀上都长有两只爪子，用于攀登；加上真正的两只爪子，总共有六只脚。雉的尾羽又长又宽，飞起来好像是它的第三个翅膀。而"三头六目"中的"三"和"六"在这里做通假字"毵（sān）"和"鹨（liù）"解释，意思是"头上有细长的毛，长着类似鹨的眼睛"。

明代胡文焕图本

清代汪绂图本

灌灌 guàn guan

会使人变聪明的斑鸠

《南山经》

有鸟焉,其状如鸠,其音若呵,名曰灌灌,佩之不惑。

明代蒋应镐图本

形态 样子像斑鸠
叫声 像人在互相斥骂
功效 把它的羽毛插在身上就不会被九尾狐迷惑
住址 青丘山

扫码听故事

青丘山中有一种禽鸟，名叫灌灌，它的样子像斑鸠，啼叫的声音就像人在互相斥骂。据说灌灌鸟的肉很好吃，烤熟以后味道十分鲜美，有益智的功效，人吃了以后会变聪明。

一个地方存在有毒的东西，同时就会存在相对的克星。青丘山本来就是个毒物特别多的地方，在这里存活的生物天生具有避毒的功效。九尾狐住在青丘山，它的肉具有解毒驱邪的作用，因此人类会冒险去杀它。这时，九尾狐就会施展魅惑的技能，让人捉不到它。而灌灌的羽毛正好是九尾狐魅术的克星。据说，人佩戴着灌灌鸟的羽毛，就可以不受九尾狐的迷惑，成功捕获九尾狐。

> 根据灌灌的形态推断，它就是今天的鹧（zhè）鸪（gū）鸟。古人认为它的叫声像在说"行不得也哥哥"，这符合灌灌"其音若呵"的特征。明代医圣李时珍在《本草纲目》中有"鹧鸪补五脏、益心力"之说，《食疗本草》和《随息居饮食谱》中也说它的肉有"补五脏，益心力，聪明"、"能开胃，益心神"等功效，这正好符合灌灌"佩之不惑"的药用特征。

清代《禽虫典》

zhū 鴸 长着人手的鸟

《南山经》

有鸟焉，其状如鸱（chī）而人手，其音如痹（bì），其名曰鴸，其名自号也，见则其县多放士。

明代胡文焕图本

形态　样子像鹞（yào）鹰，爪子像人手
叫声　像在叫自己的名字
技能　预示文字狱
住址　柜山

扫码听故事

柜山中有一种鸟，名字叫鴸。它看起来像鹞鹰，却长着人手一样的爪子。它的叫声像是在叫自己的名字，十分难听。鴸是一种不祥的鸟，它在哪个地方出现，哪里就一定会有很多的知识分子被流放。传说，它就是流放者灵魂的化身。

鴸是尧的儿子丹朱所化，丹朱是尧的第一个儿子，也是最不成器的一个。尧看丹朱实在没有治理国家的能力，就把天下让给了舜，而把丹朱派到南方的丹水去做诸侯。

当时，住在中原的一个叫三苗的部族首领很同情丹朱，就联合他一起反对尧的统治，结果失败，三苗首领也被杀。丹朱带着他的残兵，一路逃到了南海。对着茫茫大海，他进退无路，羞愧难当，于是投海而死。死后，他的灵魂便化为鴸鸟。

由于鴸鸟外形凶恶，叫声和"诛"谐音，十分不吉利，因此常常招人厌恶。丹朱的后裔聚集在南海附近，渐渐建立起一个国家，叫讙头国，也就是丹朱国。那里的人样子非常奇异，都长着人脸和鸟的翅膀，背上的鸟翅膀不能飞，只能当拐杖拄着走路。

清代汪绂图本

三苗族是传说中黄帝至尧、舜、禹时代的古老民族，主要分布在长江中游以南。尧时，三苗首领曾犯上作乱，尧发兵征讨，和他在丹水展开大战。结果，三苗被击败，首领驩兜被杀；也有人认为驩兜向尧俯首称臣，成为"诸侯"。有学者认为，现代的苗族就是三苗的后裔。

瞿如
jù rú
三只脚的人面鸟

明代蒋应镐图本

《南山经》

有鸟焉，其状如䴔（jiāo），而白首、三足、人面，其名曰瞿如，其鸣自号也。

形态 样子像䴔，人脸、白头、三脚
叫声 像在喊自己的名字
住址 祷过山

祷过山中有一种叫瞿如的禽鸟，它的形状像䴔，却长着白色的脑袋、三只脚和人一样的脸。它叫起来就像在呼唤自己的名字。

长着人脸的鸟，除了瞿如，还有荆山山系的诸山神。祭祀这些山神的礼仪是：选一只雄鸡，取它的血涂在祭品上，然后埋入地下。祭祀的同时还要奉上一块藻圭、一些稻米。骄山是这一山系山神的宗主，要单独祭祀。祭祀骄山山神时要用精酿的美酒、一块玉璧和完整的猪、羊，祭祀完毕后把祭品埋入地下。

> 荆山山系从景山到琴鼓山，一共二十三座山，蜿蜒两千八百九十里。诸山山神都有鸟的身子、人的面孔。

清代汪绂图本

明代胡文焕图本

清代《禽虫典》

010　陪孩子读《山海经》·禽鸟篇

凤皇

fèng huáng

百鸟之王

明代蒋应镐图本

《南山经》

有鸟焉，其状如鸡，五采而文，名曰凤皇，首文曰德，翼文曰义，背文曰礼，膺（yīng）文曰仁，腹文曰信。是鸟也，饮食自然，自歌自舞，见则天下安宁。

今名 凤凰
又名 丹鸟、火鸟、鹍（kūn）鸡、威凤
形态 头像鸡，脖颈像蛇，下巴像燕子，背像龟，尾巴像鱼，头上戴着一个像盾牌一样的东西
习性 以美玉为食
技能 百鸟之王，吉祥、和谐的象征
住址 南禺山

扫码听故事

从祷过山往东五百里，就到了南禺山，山中有一种叫凤皇的鸟，现在叫凤凰。凤皇是百鸟之王，祥瑞之神鸟。有文献记载它的样子是：头像鸡，脖颈像蛇，下巴像燕子，背像龟，尾巴像鱼。它身高六尺左右，色彩斑斓，头上戴着一个像盾牌一样的东西。凤皇，亦作"凤凰"，雄的叫"凤"，雌的叫"凰"，总称为凤皇，又称为丹鸟、火鸟、鹓鸡、威凤等。凤皇齐飞，是吉祥、和谐的象征。

凤凰的前身是西王母的侍从三青鸟，三青鸟长有三只脚，全身火红，燃烧着烈焰。它曾奉命前来清除蝮蛇，却被巴蛇囚禁在了蝮蛇神殿。后来，神农用自己血液里的灵药之气唤醒了它。三青鸟口吐火焰，山洞里的蝮蛇立刻乱成一团。有的蝮蛇身体燃烧起来，疼得原地打滚；有的钻到石壁的缝隙里，拼命逃窜；有的没来得及逃掉，就被烧成灰烬了。

凤凰吃喝自然、从容，常常边唱边跳，它一出现天下就会太平。相传，黄帝时期社会安定，人们安居乐业。黄帝穿上黄袍，系上黄带，戴上黄帽，站在殿中祈祷，不一会儿，凤凰就飞过来了，在宫殿上空盘旋。黄帝叩首再拜，凤凰便落在黄帝东园的梧桐树上，久久不肯离去。它的出现，就是对黄帝治理天下的成绩的最好表彰。

从周王朝开始，凤凰就是部落图腾，所以历史上一直有人在创作器物的时候，加上凤凰图案。我国出土的文物中，存在大量的凤凰纹饰。

清代《禽虫典》

清代汪绂图本

相传，黄帝统一了各大小部落之后，建立了一个统一的华夏部落。他想制订一个统一的图腾，用来代表这个部落。最后，他在原来各大小部落使用过的图腾中各选一部分，创造了一个新的图腾——龙。当时跟黄帝部落不相上下的一个部落是东夷部落，他们是伏羲的后裔，当时以凤凰为图腾。后来东夷和华夏逐渐融合，于是，龙和凤凰共同成为华夏文明的图腾。

和林格尔汉墓壁画

在中国，凤凰是与龙并称的图腾，它代表阴柔。《史记》中记载，殷契的母亲简狄在户外洗澡时，吃了玄鸟（即凤凰）蛋而怀孕生了契，即所谓"天命玄鸟，降而生商"。契成年后，因协助大禹治水有功，后来成为殷商的始祖。殷商崇信玄鸟，所以商代的青铜器上铸有很多变幻无穷的凤纹图案。

鹦䳇
yīng wǔ

喜欢学人说话

《西山经》

有鸟鹦䳇焉，其状如鸮（xiāo），青羽赤喙，人舌能言，名曰鹦䳇。

今名 鹦鹉
形态 样子像猫头鹰，青羽、红嘴、人舌
技能 能学人说话
住址 翠山

扫码听故事

翠山中生活着一种鸟，名叫鹦䴗，也就是鹦鹉。它的样子像猫头鹰，却长着青色的羽毛和红色的嘴，嘴里面还有像人一样的舌头。它能学人说话，"鹦鹉学舌"这个成语就来源于此。

古人认为鹦鹉学舌就像是小孩跟母亲学说话，因此鹦鹉这两个字里面有"婴""母"。也有人认为鹦鹉能说人话，是因为这种鸟的舌头的构造像小孩的舌头，所以能吐出字词的发音；眨眼的时候，上下眼睑和人眨眼时一样动，只有这种鸟有这种特性。

印度流传着一个"鹦鹉灭火"的故事。很久以前，深山里住着一只鹦鹉，还有很多其他的小动物。有一天，山里的竹林起了大火，鸟兽们都惊恐万分，到处逃窜，甚至有一些小动物被大火活活烧死了。

鹦鹉看到这种惨状，十分着急。它想到水能灭火，便赶忙飞到山间小溪边，用溪水浸透羽毛。等它飞回来，再挤出羽毛里的水，洒到火上。虽然只是杯水车薪，但鹦鹉毫不气馁，一次又一次，取水灭火。

天帝问鹦鹉："这么大的火，凭你自己的力量，怎么把它扑灭呢？"鹦鹉回答说："这么多动物都生活在竹林里，一旦竹林被烧毁，它们就无家可归了。再说，如果不把大火扑灭，还会有更多的动物被烧死。我的力量虽然很小，但坚持下去，一定能把火扑灭的。"

鹦鹉的行为最终感动了天帝，天帝招来了掌管雨水的天神，下了一场大雨，把火浇灭了。

> 鹦鹉能模仿人说话，古人相信它们有着人类一样的灵魂，所以古人把它当作可以通往冥界的神灵之鸟。后来，鹦鹉又成了爱情和欢乐的象征，并出现在文艺作品中。

颙 yú

四眼人脸鸟

明代蒋应镐图本

《南山经》

有鸟焉，其状如枭，人面四目而有耳，其名曰颙，其鸣自号也，见则天下大旱。

形态 样子像猫头鹰，却长着人脸、四眼
叫声 像在呼唤自己的名字
技能 预示干旱
地址 令丘山

令丘山没有花草树木，到处是野火。山的南边有一个峡谷，叫作中谷，从这个谷里刮出来的是十分强劲的东北风。山里有一种禽鸟，名字叫颙。它看起来像猫头鹰，却长着一张人脸。它有四只眼睛，还长有耳朵。它发出的叫声就像在喊自己的名字。

和鲜（zhuān）鱼一样，颙也是大旱的征兆。明万历二十年（1592），颙曾在豫章城永宁寺聚集，燕雀不喜欢它们，都鼓噪起来。结果当年的五月至七月，豫章郡特别热，没有下一滴雨，禾苗都枯死了。

明代胡文焕图本

清代汪绂图本

鹓雏 圣洁的人面鸟

yuān
chú

清代《禽虫典》

《南山经》

佐水出焉，而东南流注于海，有凤皇、鹓雏。

形态 身披黄色的羽毛
技能 象征纯洁吉祥
住址 南禺山佐水

佐水从南禺山发源，然后向东南流入大海。佐水流经凤凰和鹓雏生活的地方。

鹓雏是和凤凰、鸾鸟同类的神鸟，是纯洁、吉祥的象征。庄子曾说："夫鹓雏发于南海，而飞于北海，非梧桐不栖，非练食不吃，非醴（lǐ）泉不饮。"意思是说，鹓雏从南海飞向北海，不是梧桐树不栖息，不是竹子的果实不吃，不是甘泉不喝。可见它非常圣洁，因此常被用来比喻贤才或高贵的人。南禺山既有凤凰，又有鹓雏，应该是非常神圣的地方了。

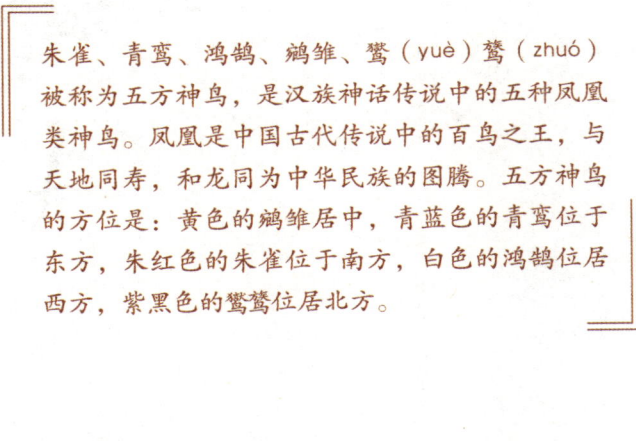

> 朱雀、青鸾、鸿鹄、鹓雏、鷟（yuè）鷟（zhuó）被称为五方神鸟，是汉族神话传说中的五种凤凰类神鸟。凤凰是中国古代传说中的百鸟之王，与天地同寿，和龙同为中华民族的图腾。五方神鸟的方位是：黄色的鹓雏居中，青蓝色的青鸾位于东方，朱红色的朱雀位于南方，白色的鸿鹄位居西方，紫黑色的鷟鷟位居北方。

鸧渠 wū qú

黑身红爪鸟

《西山经》

西四十五里,曰松果之山。濩(huò)水出焉,北流注于渭,其中多铜。有鸟焉,其名曰鸧渠,其状如山鸡,黑身赤足,可以已䐉(bó)。

明代蒋应镐图本

形态 像野鸡,黑身、红爪
功效 可以用来治疗皮肤干皱
住址 松果山

从钱来山往西四十五里是松果山，山里有一种名叫蛳渠的鸟，它的样子像野鸡，却有着黑色的身子和红色的爪子。它可以用来治疗皮肤干皱，古人还认为它可以避灾祸，是一种奇鸟。

据考证，蛳渠就是今天的黑鹳（guàn），这种鸟"黑身赤足"，目前仍然生活在潼关附近的小秦岭国家自然保护区，属于国家一级保护动物。

> 鸟类在天空中展翅飞翔的情景让古时的人类非常羡慕，于是许多鸟类被赋予了超凡和吉祥的寓意。比如蛳渠被认为可以躲避灾难，鸠鸟则象征着长生不老。周朝的时候，人们就有献鸠敬老的风俗；到汉时，取鸠鸟长寿吉祥之意，将玉杖的杖首雕刻成鸠鸟的样子，送给老人，企盼老人长命百岁。

赤鷩 chì bì

绿头黄羽红尾鸡

《西山经》

又西八十里,曰小华之山。其木多荆杞,其兽多㸲牛。其阴多磐石,其阳多䃶珚之玉。鸟多赤鷩,可以御火。

清代汪绂图本

今名 锦鸡
形态 很像山鸡,但比山鸡小,羽毛非常鲜艳,冠背金黄色,头绿色,胸腹和尾部赤红色
功效 饲养它可以避火
住址 小华山

太华山再往西八十里是小华山，山上有许多叫赤鷩的鸟。它长得很像山鸡，但比山鸡小。它的羽毛非常鲜艳，冠部和背部都是金黄色的，头是绿色的，胸腹和尾巴是赤红色的，十分漂亮。

赤鷩知道自己很漂亮，所以它非常自恋。据说，它们十分欣赏自己的艳丽羽毛，整天在水岸边看自己在水中的倒影，结果，水面反射出来的羽毛的光芒，把它照得头晕目眩的，最后竟然不自觉地跌到水里淹死了。赤鷩虽然自恋，但它是一种奇鸟，古人相信饲养它可以避火。

除了小华山，《西次一经》的嶓冢山、《西次四经》的牡山、《中次六经》的常烝山，还有《中次九经》的岷山，都有这种叫赤鷩的飞禽。

> 现在的红腹锦鸡与赤鷩很像，雄性红腹锦鸡是色彩最为艳丽的一种雉鸟。它又名金鸡，被誉为吉祥之鸟。古时候把金鸡尊称为神鸡、天鸡、宝鸡。古代皇帝大赦天下的时候，会举行一种仪式，让人竖起一根长竿，竿顶上立起一只金鸡，然后让罪犯在竿下集合，命人击鼓，宣读赦令。因为古人迷信"天鸡星动"的时候，就要大赦天下，所以才有这种仪式。

清代汪绂图本

鸱鸟
mín niǎo
红嘴巴的山翠

《西山经》

其鸟多䳑，其状如翠而赤喙，可以御火。

明代蒋应镐图本

形态 外形像翠鸟，却长着红色的嘴巴
功效 饲养䳑鸟也可以避火
住址 符禺山

栖息在符禺山上的鸟大多是鸱鸟，它的外形像翠鸟。据说翠鸟有两种，一种是山翠，身上长着暗青色的羽毛，体形就像鸠鸟般大小；还有一种是水翠，体态娇小如燕，红嘴巴，尾巴短小，羽毛为鲜艳的青色。

鸱鸟的样子像山翠，却有着红嘴巴。和赤鳖一样，饲养鸱鸟也可以避火。

> 鸱鸟因为有避火的属性而被视为吉鸟，它的形象在很多作品中都出现过。《中国古代动物学史》描述这种鸟就是冠鱼狗，身上的毛是黑色的，有很多白色椭圆或者其他形状的大斑点。这种冠鱼狗的羽冠很明显，中部基本上全是白色，只有少许白色圆斑点。

清代《禽虫典》

肥遗

féi yí

黄身红嘴鹌鹑

《西山经》

有鸟焉，其状如鹑，黄身而赤喙，其名曰肥遗，食之已疠（lì），可以杀虫。

明代蒋应镐图本

形态 看起来像鹌鹑，黄身、红嘴
功效 人吃了它的肉可以治愈疯癫病，还能杀死体内的寄生虫
住址 英山

英山里有一种禽鸟，名叫肥遗。它的样子看起来像鹌鹑，但却是黄身子、红嘴巴。据说，人吃了它的肉就能治愈疯癫病，还能杀死体内寄生虫。太华山的肥遗是一种毒蛇，它一出现，天下就会大旱；英山的肥遗是一种益鸟，能治病杀虫。这两种动物虽然都叫肥遗，但长相不同，对于人类的作用也不相同。

清代汪绂图本

清代《禽虫典》

橐𫛢
tuó féi
一只脚的人面鸟

《西山经》

有鸟焉,其状如枭,人面而一足,曰橐𫛢,冬见夏蛰,服之不畏雷。

明代蒋应镐图本

形态 像猫头鹰,长着人的面孔,只有一只脚
习性 夏眠,即使打雷也不能把它惊醒
住址 㵨(yú)次山

㴲次山上有一种禽鸟，叫作橐𩇯。它的样子看起来像猫头鹰，但它只有一只脚，还长着人的面孔。橐𩇯的习性比较特殊，别的动物都是冬眠，而它却是夏眠，常常是冬天出现而夏天蛰伏。到了夏天，即使打雷也不能把它惊醒。正因为如此，古人认为，把它的羽毛放到衣服里，或者吃了它的肉，就不怕打雷了。

《河图》中说，独足鸟是一种祥瑞之鸟，看见它的人则勇猛强悍。传说南朝陈快要灭亡的时候，有一群独足鸟聚集在宫殿里，纷纷用鸟喙在地上写出有关救国之策的文字。这些独足鸟就是橐𩇯。

《拾遗录》中也记载，有一种名叫青鹖（dí）的独足鸟，长有人面、鸟嘴和八个翅膀。在太平昌盛年间，青鹖在一些湖泽边飞翔，栖息在山川之中。只要是青鹖聚集的地方，必定有圣人出现。

明代胡文焕图本

类似橐𩇯这种形态奇异的独足鸟，受到后世很多学者的关注。李时珍在《本草纲目》中对独足鸟有专门的记载，认为独足鸟性情乖僻，昼伏夜出，喜欢成群在一起大声鸣叫。它们只吃虫豸（zhì），不吃稻谷。

尸鸠

shī jiū

喜欢住在喜鹊的巢里

《北山经》

敦薨之水出焉，而西流注于泑泽。出于昆仑之东北隅，实惟河原。其中多赤鲑，其兽多兕（sì）、旄牛，其鸟多尸鸠。

今名 布谷鸟
形态 体态和鸠差不多，羽毛为黄色
住址 南山

南山上有一种鸟，名叫尸鸠。它的体态和鸠差不多，羽毛是黄色的。它们鸣叫的时候相互呼应，却不聚集在一起。它们自己不会筑巢，大多居住在树穴或空的喜鹊巢中。

尸鸠是"模范父母"，对幼鸟尽心尽力。尸鸠哺育幼鸟的习惯很有趣，早上从上往下喂，晚上则从下往上喂。"尸鸠之平"就是指它哺育幼鸟时能平均如一；"尸鸠之仁"，比喻君主公平对待臣民。据说尸鸠多数在墓穴里居住，吃死人的腐肉，与"尸鸠"这个名字很相符。

尸鸠在谷雨后开始鸣叫，一般要到夏至后才能停止。朱熹《诗集传·鸠》中说，尸鸠就是秸（jiē）鞠（jū），也叫戴胜，就是现在的布谷鸟。在农忙时节，布谷鸟飞翔在田地里，大声叫着"布谷——布谷——"，提醒农民可以种植谷物了。

明代王崇庆图本

明代《三才图会》

布谷鸟，学名杜鹃。布谷鸟自己不会筑巢，它会选择一些比它小的鸟类的巢，快速移走原来那窝蛋中的一个，并产下自己的蛋取而代之。布谷鸟的幼鸟会比其他蛋先孵化，它出来后会立刻把别的蛋扔出巢外。这是因为布谷鸟很快就会长得很大，需要吃光"养母"所能找到的全部食物。

白翰 bái hàn

头上戴着「白帽子」的鸟

《西山经》

其上多桃枝钩端，兽多犀兕（sì）熊罴（pí），鸟多白翰赤鷩（bì）。

清代汪绂图本

形态 看起来像野鸡，头顶长着白色的羽毛
技能 预示天下太平
住址 嶓（bō）冢（zhǒng）山

嶓冢山水草丰美，还栖息着许多鸟，它们之中最多的就是白翰和赤鳖。白翰看起来像野鸡，头顶长着白色的羽毛，所以叫作白雉，也叫白鹇（xián）。

雄性的白雉鸟的前半身和翅膀都是白色的，尾巴很长，中间的尾羽是纯白色的，常栖息在高山竹林间。它是一种吉祥之鸟，只有鸟兽也能享受到统治者的恩德，天下万事太平的时候它才会出现。

清代汪绂图本

栎 红脖鹞鹑

《西山经》

有鸟焉，其状如鹑，黑文而赤翁，名曰栎，食之已痔。

明代胡文焕图本

今名 红腹鹰
形态 长得像鹑，黑色花纹、红色颈毛
功效 吃了它的肉可以治愈痔疮
住址 天帝山

天帝山中还生活着一种禽鸟，名叫栎。它看起来像鹌鹑，身上长着黑色的花纹和红色的颈毛。据说，人吃了它的肉可以治愈痔疮。

今天的赤腹鹰、红颈三趾鹑和栎鸟很像。

赤腹鹰是一种小型的猛禽，它的翅膀又尖又长。因为它的外形像鸽子，所以也叫鸽子鹰。它的头部至背部是蓝灰色的，翅膀和尾羽是灰褐色的。它栖息在山地森林和林缘地带，有的也生活在低山丘陵和山麓平原地带的小块丛林中，或者农田地缘和村庄附近。

红颈三趾鹑的体形很小，看起来像鹌鹑，但它没有后趾。红颈三趾鹑大多数是褐色、灰色和棕色。雌鸟的体形比雄鸟大，羽色也更鲜艳。它生活在草丛或灌木丛中，警觉性非常高，跑得很快，还善于隐蔽。

数斯 shù sī

长着人脚的鸟

《西山经》

有鸟焉,其状如鸱(chī)而人足,名曰数斯,食之已瘿。

明代胡文焕图本

形态 样子像鹞鹰,长着人脚
功效 吃了它的肉能治愈脖子上的赘瘤
住址 皋(gāo)涂山

皋涂山中还有一种鸟，样子像鹞鹰，长着人一样的脚，叫数斯，据说人吃了它的肉能治愈脖子上的赘瘤。

据说，拘缨国的人脖子上都长有香瓜一样大的肉瘤，有人把数斯的功效告诉了拘缨国人。于是，拘缨国人开始疯狂地捕杀数斯。不久之后，数斯就灭绝了，而拘缨国人脖子上的肉瘤也消失了，并且和别的国家的人融合在一起，拘缨国也消失了。

> 数斯长了一双人脚，应该是比较善于奔跑的鸟类。

明代胡文焕图本

清代汪绂图本

鸓

lěi

两头四脚的喜鹊

《西山经》

其鸟多鸓，其状如鹊，赤黑而两首四足，可以御火。

明代蒋应镐图本

形态 样子像喜鹊，长着红黑色羽毛，两头、四脚
功效 可以避火
住址 翠山

翠山中的禽鸟大多是鹳鸟，它的样子像喜鹊，却长着红黑色羽毛。它有两个脑袋、四只脚，据说人养着它可以避火。

翠山中有一次突然起火，火势越来越大，已经无法控制了。忽然，人们看见一只鸟，翩然落下，于是火焰渐渐熄灭。众人仔细观察那只鸟，发现它的样子很像喜鹊，但长着两个头和四只脚。有一个见多识广的人说，那就是鹳鸟。正因为鹳鸟可以避火，它的形象常常出现在古代宫殿中。

这幅图叫《鹳鸟止火》，鹳的样子很像喜鹊，被视为避火之鸟。

鸾鸟

luán niǎo

长着五彩羽毛的野鸡

明代蒋应镐图本

《西山经》

有鸟焉，其状如翟而五采文，名曰鸾鸟，见则天下安宁。

《大荒西经》

有五采鸟三名：一曰皇鸟，一曰鸾鸟，一曰凤鸟。

《海内经》

鸾鸟自歌，凤鸟自舞，灵寿实华，草木所聚。

形态 样子像野鸡，长着色彩斑斓的羽毛
技能 预示天下太平
住址 女床山

扫码听故事

女床山里生活着一种禽鸟，名叫鸾鸟。它的外形像野鸡，长着色彩斑斓的羽毛。鸾鸟是传说中和凤凰同类的神鸟，古人也经常把鸾、凤并称。有人认为，鸾鸟是凤凰的幼年形态，它长大之后就会变成凤凰。鸾鸟也分雌雄，雄的叫鸾，雌的叫和；它的叫声十分动听，就像铃声一样。

鸾鸟不轻易现身，一般要到政治清明、天下太平时才会出现。周朝时有种大备法车，车上经常挂着大铃，好像鸾鸟的声音，"銮车"就是由此而来。

明代胡文焕图本

除此之外，关于鸾鸟还有一个家喻户晓的典故"鸾凤和鸣"。公元前 672 年，妫（guī）氏陈国发生了政变，太子御寇被他的父亲陈宣公杀害。当时，公子陈完与御寇交情很深，他害怕受到牵连，于是逃到姜氏齐国避祸。齐桓公不仅热情地款待了这位落难公子，还要封他做贵族。陈完推辞说："我能受到你们的收容就已经是万幸了，怎么敢居于高位呢？"于是，齐桓公给了他一个官职，让他负责宫庙陵寝等土木工程。

齐国有位大夫名叫懿（yì）仲，看到陈完这么受国君重视，而且他长得一表人才，便想把女儿嫁给他。当时，齐国贵族中流行婚配前先行占卜的风气，懿仲的妻子悄悄地卜了一卦，结果是"吉"。卦辞上说："凤凰于飞，和鸣锵锵。"大意是：凤与凰成对儿飞行，一唱一答和睦相亲。于是，懿仲马上把女儿嫁给了陈完。

> 罽（jì）宾王养了一只鸾，三年都没有叫过一声。后来用镜子照它，鸾看到自己在镜中的影子，悲伤地鸣叫起来，然后冲上云霄，消失不见。后来古人就用"鸾镜"来表示临镜生悲。

明代胡文焕图本

清代萧云从《离骚图》

凫徯

fú xī

招致兵灾的人面鸟

《西山经》

有鸟焉，其状如雄鸡而人面，名曰凫徯，其鸣自叫也，见则有兵。

明代蒋应镐图本

形态 样子像雄鸡，长着人一样的脸
叫声 像在喊自己的名字
技能 预示战争
住址 鹿台山

女床山往西二百里，是龙首山；龙首山再往西二百里，就是鹿台山。山中还有一种禽鸟，像普通的雄鸡却长着人脸，名叫凫徯，它的叫声就像是喊自己的名字。

古人认为凫徯是大恶之鸟。吴任臣说："鸟人面者，非大美则大恶；大美者频迦，大恶者凫徯。"黄石曾说："海内扬兵戈，凫徯下鹿台。"凫徯与朱厌（见《西次二经》）都是兵灾的征兆，凫徯出现在哪里，哪里就会有战争。

某年夏天，天气大旱，庄稼颗粒无收，农民生活困顿，郴江地区就出现了凫徯。尽管当时的人整日担忧，处处小心，但第二年还是发生了战争。

明代胡文焕图本

清代汪绂图本

蛮蛮

mán man

单眼单翅鸟

《西山经》

有鸟焉，其状如凫，而一翼一目，相得乃飞，名曰蛮蛮，见则天下大水。

明代蒋应镐图本

形态 看起来像野鸭子，单眼、单翅
技能 预示水灾
住址 崇吾山

崇吾山中生活着一种鸟叫蛮蛮，它看起来像野鸭子，却只长了一个翅膀和一只眼睛，因此它无法独自飞翔，需要两只鸟结对比翼齐飞。据说，它一旦出现，天下就会发生水灾。

蛮蛮就是比翼鸟，它的羽毛是青红色的。两只鸟不并在一起就无法飞翔，因此古人把它们当作夫妻同心的象征。夫妻、恋人之间往往有"在天愿做比翼鸟"的誓言。

传说，周成王六年时，燃丘国献来一对雌雄比翼鸟。它们精力充沛，从南海衔来丹泥，从昆仑山衔来原木，用以筑巢。比翼鸟在遇到圣贤的人治理国家时，它们就会飞出来聚在一起。燃丘国献来比翼鸟，这也是周公治国有方、天下平顺的祥瑞之兆。

崇丘山还有一种鸟，单脚、单翅、单眼。它们只有两只鸟在一起的时候才能飞翔。人如果见到它，就会交好运；如果能骑上它，就可以长寿千岁。

南方有一种比翼凤，无论是飞翔、静止，还是吃食、喝水，一对比翼凤都不分离，即使死去、复生，它们也要在一起。除了比翼之外，古人还有"比目""比肩"的说法。

明代胡文焕图本

《尔雅·释地·五方》中记载，东方有叫鲽（dié）的比目鱼，双鱼缠绕，一起游动；西方有比肩兽，与一种叫邛（qióng）邛岠（jù）虚的野兽相伴，比肩兽经常给邛邛岠虚喂食甜草根，一旦遇到灾难，邛邛岠虚就背着比肩兽行走；北方还有比肩民，他们朝夕相处，共同进食、共同生活。古人把成双成对看成一种吉祥的象征，因此，"不比不飞，不比不行"的观念成为中国吉祥文化的重要内容。

> 比翼齐飞、出入成双的比翼鸟有着鸭子一样不起眼的形貌，却代表了共结连理的美好愿望。流传至今，它们已成为白头偕老的代名词。

南方有比翼鸟

清代《尔雅音图》

鸮鸟
xiāo niǎo

眼睛长在脸正前方的猫头鹰

《西山经》

西二百五十里,曰白於(yú)之山。上多松柏,下多栎檀,其兽多祚牛、羬羊,其鸟多鸮。

清代《禽虫典》

今名 猫头鹰
形态 喙和爪弯曲呈钩状,并且十分锐利;两只眼睛生在脸部正前方
技能 捕食鼠类
习性 黄昏和夜间出来活动
功效 吃昆虫,是农林益鸟
住址 白於山

扫码听故事

049

孟山再往西二百五十里是白於山，山中的禽鸟以鸮鸟居多。鸮鸟也就是猫头鹰，它的喙和爪都是弯曲的，呈钩状，并且十分锐利。一般的鸟的眼睛都长在头的两边，但鸮鸟的两只眼睛却长在脸的正前方。它总是在黄昏和夜间出来活动，主要捕食鼠类，也吃小鸟和昆虫，属于农林益鸟。

康熙年间，山东长山县有个杨县令，十分贪婪，搜刮了很多民脂民膏，惹得百姓们非常不满。有一次，因为公务，山东各县县令都到省城里。益都县的董县令、莱芜县的范县令和新城县的孙县令在旅店里会聚到一起，忽然听到两个山西商人在门外喊冤。原来，这两个商人有四头骡子被杨县令抢了。出门在外，又丢失了财物，于是才到别的县令面前喊冤。三个县令觉得商人可怜，便答应为他们主持公道。三个县令一起拜访了杨县令，杨县令用酒菜款待了他们。酒席间，他们请杨县令归还商人骡子，但杨县令就是不听。

杨县令说："我有一个酒令，对不出来的就要罚酒。这个酒令必须说一个天上的东西、一个地下的东西，还要有个古人。左右两边的人问手里拿着什么东西，嘴里说什么话，随问随答。"杨县令自己先行令，说："天上有个月轮，地下有个昆仑，古代有个人叫刘伯伦。"左边的人问他手里拿着什么东西，他回答说："手里拿的酒杯。"右边的人问他嘴里说的什么话，他回答说："酒杯之外的事情就不要说了。"

范县令接着说："天上有个广寒宫，地下有个乾清宫，古代有个人叫姜太公。手里拿的是钓鱼竿，嘴里说的是'愿者上钩'。"孙县令说："天上有条天河，地下有条黄河，古代有个人叫萧何。手里拿着一本《大清律》，嘴里说的是贪官污吏。"杨县令听了，心里很不自在，想了一会儿又说：

"天上有座灵山，地下有座泰山，古代有个人叫寒山。手里拿着把扫帚，说的是'各人自扫门前雪'。"

这时候，有个穿着华丽的少年走了进来，大家请他一块坐下喝酒。少年说："我听到各位大人在行酒令，我也凑一个。"大家听到他说："天上有玉帝，地下有皇帝，古代有个人是洪武朱皇帝。手里拿着三尺剑，说的是'赃官应该被剥皮'。"结果，杨县令恼羞成怒，命令衙役把他抓起来。不料这个少年一下子跳到了桌子上，变成了一只鸮鸟，飞到了院子里的树梢上。它回头看着屋子里的几个人，发出人一样的笑声。杨县令连忙拿东西打它，鸮鸟笑着飞走了。

> 鸮鸟曾被当作一种神圣的鸟，古人仿照它的形象制成青铜利器。

清代汪绂图本

钦䲹

qīn pī

白头黑斑鹰

《西山经》

又西北四百二十里,曰钟山。其子曰鼓,其状如人面而龙身,是与钦䲹杀葆江于昆仑之阳,帝乃戮之钟山之东曰崤崖。钦䲹化为大鹗(è),其状如雕而黑文白首,赤喙而虎爪,其音如晨鹄,见则有大兵。

明代蒋应镐图本

形态 样子像雕鹰,长有黑色斑纹,白头、红嘴、虎爪
叫声 像晨鹄(hú)鸣叫
技能 预示战争
住址 钟山

烛阴的儿子叫鼓,他不但是钟山山神,而且还兼有其他神职。传说,古时天上天神经常有纷争,有一次,鼓用诡计,联合一个叫钦䲹的天神,在昆仑山南把一个叫葆江的天神杀死了,天帝因此把鼓与钦䲹杀死在钟山东面一个叫崾崖的地方。

两个神死后灵魂不散,钦䲹化为一只大鹗,样子像普通的雕鹰,却长着黑色的斑纹和白色的脑袋,还有红色的嘴巴和老虎一样的爪子,能发出像晨鹄一样的叫声。钦䲹是一种灾鸟,它一出现就有大的战争。

> 鼓死后化为鵕(jùn)鸟,它的样子像鹞(yáo)鹰,长着红色的脚和直直的嘴。它身上是黄色的斑纹,头却是白色的。它的声音像鸿鹄鸣叫。据说,它在哪里出现,哪里就会有旱灾。

钦原
qīn yuán

身上长了毒刺的大鸟

《西山经》

有鸟焉，其状如蜂，大如鸳鸯，名曰钦原，蠚（hē）鸟兽则死，蠚木则枯。

明代蒋应镐图本

形态 样子像蜜蜂，大小和鸳鸯差不多
技能 蜇死其他鸟兽，使树木枯死
住址 昆仑山

在上古时代的神话传说中，钦原是昆仑山大管家陆吾的手下，专门负责守卫昆仑山。它的形状像一般的蜜蜂，但大小却和鸳鸯差不多。它的个头不大，但是数量很多，性情比较凶悍，一般的神都不是它的对手。钦原的刺上有剧毒，如果它蜇了其他鸟兽，这些鸟兽就会死掉；它刺蜇树木，树木就会枯死。

清代《禽虫典》

胜遇 shèng yù

爱吃鱼的水鸟

《西山经》

有鸟焉,其状如翟而赤,名曰胜遇,是食鱼,其音如录,见则其国大水。

明代蒋应镐图本

今名 长脚雉鹤(hēng)
形态 样子像野鸡,通身长着红色的羽毛
叫声 像鹿鸣
习性 吃鱼
技能 预示水灾
住址 玉山

玉山中有一种鸟，名叫胜遇，样子像野鸡，全身长着红色的羽毛，是一种能吃鱼的水鸟。它的叫声像鹿鸣，是水灾的象征，哪个国家出现胜遇，哪个国家便会发生水灾。

有人认为胜遇是雉鸻。非洲最有名的长脚雉鸻身体是棕红色的，并且很喜欢水，大水泛滥的时候就会出现。

清代《禽虫典》

清代汪绂图本

毕方 bì fāng

独脚仙鹤

《西山经》

有鸟焉，其状如鹤，一足，赤文青质而白喙，名曰毕方，其鸣自詨（xiào）也，见则其邑有讹（é）火。

《海外南经》

毕方鸟在其东，青水西，其为鸟人面一脚。一曰在二八神东。

明代蒋应镐图本

- **形态** 样子像仙鹤，独脚、白嘴、青羽，有红色斑纹
- **叫声** 像在喊自己的名字
- **技能** 带来怪火
- **住址** 章莪（é）山

章莪山中有一种禽鸟，名字叫毕方。它长得像仙鹤，但只长了一只脚。它身上的羽毛是青色的，上面有红色的斑纹，还长着白色的嘴。它整天叫着自己的名字。

　　毕方是一种神鸟，据说是木头化生，所以被称为木之精。相传，当年黄帝在西泰山上召集鬼神时，毕方扮演的就是护卫角色。当时，六条蛟龙为黄帝驾象车，毕方随车而行，蚩尤在前面开道，风伯扫尘，雨师扫道，虎狼在前，鬼神在后，腾蛇在地上爬行，凤凰在天空飞舞。整个队伍气势壮观，威风异常。

　　汉武帝时期，曾经有外国使臣进献独足鹤作为贡品，满朝官员都不认识，只有东方朔知道它是《山海经》里所记载的毕方。一时间，满朝文武皆学习《山海经》。

　　毕方还是一种能引来怪火的鸟，它在哪个地方出现，哪里就会出现怪火。毕方常常衔着火种在人家屋子上点怪火。陈后主时，很多独足鸟聚在大殿上，纷纷用嘴划地，并写出文字，大意是：独足鸟上高台，一切都要化为灰烬。

在中国人的思维中，鹤总是跟"仙"字联系在一起，称为仙鹤。这种联系源于很久以前人类虚幻的、具有某种象征意义的神兽，如"毕方"之类的神鸟就生着鹤的模样。后来，鹤又成了长寿的象征，古人有仙人驾鹤西去的传说。这件陶鹤似乎在向天鸣唳（lì），又好像要展翅高飞，形象简练却栩栩如生。

明代胡文焕图本

清代汪绂图本

060　陪孩子读《山海经》·禽鸟篇

清代《禽虫典》

鸱 chī

一头三身的猫头鹰

《西山经》

有鸟焉，一首而三身，其状如鹦（luò），其名曰鸱。

明代蒋应镐图本

今名 猫头鹰
形态 一个脑袋、三个身子，外形和鹦（yàn）鸟很相似
技能 灵魂世界的引导
住址 三危山

三危山中住着一种奇怪的鸟，名为鸱。它长着一个脑袋，却有三个身子，外形与鹦鸟很相似，据说就是现在的猫头鹰。

鸱是一种神鸟，它被认为是威猛与必胜的象征，曾经大量出现在商周的礼器上。鸱的形象还带有某种神圣的含义，到了汉代，鸱作为灵魂世界的引导者、守护者，常常出现在与丧葬有关的绘画中。

鸱这种猛禽，由于它的外形丑恶、声音难听，一直被视为不祥之鸟。

清代吴任臣乾隆图本

商周时期，鸱的形象大量出现在礼器之中，作为威猛与必胜的象征，与后世形成鲜明对比。

清代《吴友如画宝》

駅鸟

dài niǎo

有耳朵的三眼猫头鹰

《中山经》

其阴有谷,曰机谷,多䳐鸟,其状如枭而三目,有耳,其音如录,食之已垫。

明代蒋应镐图本

外貌 样子像猫头鹰,三眼,还长有耳朵
叫声 像鹿鸣
功效 吃了它的肉能治愈湿气病
住址 苟林山机谷

清代汪绂图本

中央第五列山系叫薄山山系，第一座山叫作苟林山。这座山的北面有一道峡谷，名叫机谷。机谷里栖息着许多鴢鸟，它的样子很像猫头鹰，但脸上却长了三只眼睛，还长有耳朵；它发出的叫声像鹿鸣。据说，吃了它的肉能治愈湿气病。

清代《禽虫典》

清代吴任臣乾隆图本

065

鸰鹞 (líng yāo)

青嘴火红野鸡

《中山经》

其中有鸟焉，状如山鸡而长尾，赤如丹火而青喙，名曰鸰鹞，其鸣自呼，服之不眯。

明代蒋应镐图本

外貌 样子像野鸡，尾巴很长；全身火红色，鸟嘴却是青色的
叫声 像是在喊自己的名字
功效 吃了它的肉不会做噩梦，还可以避免遇到妖怪
住址 廆（guī）山

缟（gǎo）羝（dī）山往西十里是鹿山，山里住着一种叫鹒䴗的鸟。它的样子像野鸡，身后却长着一条长长的尾巴。它身上的羽毛颜色特别鲜艳，通体赤红，就好像一团火，但它的鸟嘴却是青色的。它叫时的声音就像在喊自己的名字。据说，人吃了它的肉就不会做噩梦，还可以避免遇到妖怪。

清代《禽虫典》

鸩鸟 zhèn niǎo

紫绿色的猫头鹰

《中山经》

又东北百二十里，曰女几之山。其上多玉，其下多黄金。其兽多豹虎，多闾（lú）麋、麖（jīng）麂（jǐ）。其鸟多白鹇（jiāo），多翟，多鸩。

明代蒋应镐图本

- **形态** 体形和雕或猫头鹰很像，脖子很长，羽毛是紫绿色的，嘴是红色的
- **习性** 吃毒蛇
- **技能** 能预报天气，能毒死人
- **住址** 女几山

女几山上有一种飞鸟叫鸩鸟，传说这是一种吃蛇的毒鸟。它的体形和雕或猫头鹰很像。它的脖子很长，羽毛是紫绿色的，嘴是红色的。雄鸟的名字叫运日，雌鸟的名字叫阴谐，江南人把它们称为同力鸟。它们能预报天气，如果天气将是晴朗少云，那么雄鸟运日会先叫；如果将有阴雨，那么雌鸟阴谐就先叫。

鸩鸟专门吃毒蛇，毒蛇的毒性渗透到它的各个器官，不仅肌肉、内脏有毒，连鸟嘴和羽毛都有毒，甚至连它接触到的东西也会受到剧毒的影响。鸩把屎拉在石头上，石头会腐烂如泥；它的鸟巢下数十步之内寸草不生；它喝水的小溪，里面的各种虫子都会被毒死。人要是不小心吃了它的肉也会被毒死。古人用鸩鸟的羽毛浸泡毒酒，名字叫鸩酒，用来毒害他人。

清代汪绂图本

鸩鸟的毒来自毒蛇，但又可以以毒攻毒，化解毒蛇的毒性。李时珍在《本草纲目》中说，人如果被毒蛇咬了，就把鸩鸟的鸟嘴刮下来一些粉末，敷到伤口上，可以立即止毒；但是正常的人误食鸩鸟的肉或内脏，就会送命。

明代《三才图会》

窃脂 qiè zhī

红羽猫头鹰

《中山经》

有鸟焉，状如鸮（xiāo）而赤身白首，其名曰窃脂，可以御火。

明代胡文焕图本

今名 小青雀
形态 跟猫头鹰很像，鸟冠比较长，红羽、白头
功效 饲养它可以避火
住址 崌（jū）山

崌山中有一种鸟，名字叫窃脂，也叫桑扈（hù）。它的样子与普通的猫头鹰相似，鸟冠比较长，双目很有神。它身上的羽毛是红色的，长着一个白色的脑袋。据说，人饲养它可以避火。

窃脂生性好动，胆小多疑，听到响动立马躲起来。它喜欢吃葵花籽等油料作物的种子，有时候还会去偷女性的脂膏，所以人们把它叫作窃脂。

清代《尔雅音图》

跂踵

qǐ zhǒng

单爪猪尾猫头鹰

《中山经》

又西二十里,曰复州之山。其木多檀,其阳多黄金。有鸟焉,其状如鸮,而一足彘尾,其名曰跂踵,见则其国大疫。

清代《禽虫典》

形态 它与猫头鹰长得很像,单爪、猪尾
技能 能带来瘟疫和疾病
住址 复州山

复州山的檀树林中栖息着一种怪鸟，名字叫跂踵。它和猫头鹰长得很像，但它只长了一只爪子，身子后面还长有一条猪的尾巴。它是一种凶鸟，在哪个国家出现，哪个国家就会发生大瘟疫。

　　古人认为，独脚的妖怪会带来疫病。特别是大年夜来拜访的诸神，如果当中有独脚的怪神，就会在人类居住的地方到处播撒疾病的种子。因此，除夕的时候，人们会早早放下寝室的帘子，防止疫病。

> 其实，在医学不发达的年代，很多疾病是没有办法医治的。在这种情况下，最好的方法就是把病人隔离，将尸体焚烧。即便如此，还是有各种各样的疾病传播，人们在与疾病作斗争的过程中，就产生了各种鬼神传说。

清代汪绂图本

明代蒋应镐图本

鸜鹆 qú yù

黑色八哥

《中山经》

又西二十里,曰又原之山。其阳多青,其阴多铁,其鸟多鸜鹆。

明代蒋应镐图本

今名 八哥
形态 浑身黑色,但翅膀上有一些白色羽毛,展开翅膀后就像一个"八"字
爱好 洗澡,下雪时喜欢群飞
技能 学人说话
住址 又原山

又原山上各种禽鸟乱飞，其中鸜鹆最多。鸜鹆就是八哥，浑身黑色，但翅膀上有一些白色羽毛，展开翅膀后就像一个"八"字。这种鸟喜欢在水中洗澡，冬天遇到下雪的时候则喜欢群飞。八哥的舌头很发达，它能够模仿人说话。

《聊斋志异》中的王汾滨曾经说，他的家乡有个人养了一只八哥，还教八哥说话，八哥学得很熟练。这个人每次出门都要带着八哥去，已经有好几年了。有一天，这个人将要经过绛州的时候，他的盘缠已经用光了。他很发愁，想不到对策。这时候，八哥说："为什么不把我卖了呢？把我送到王府，应该能卖个好价钱，你就不用担心回去没有路费了。"这个人说："我怎么忍心呢？"八哥说："没事，你得到钱之后赶快走，在城西二十里的大树下等我。"

清代汪绂图本

这个人采取了八哥的办法,把八哥带到城里,和它一问一答,围观的人越来越多。有个太监看到了这个情景,就告诉了王爷。王爷把这个人召到府里,想要买八哥。这个人说:"我和这只八哥相依为命,不愿意把它卖掉。"王爷又问八哥:"你愿意在这里住下来吗?"八哥回答说:"愿意。"王爷非常高兴。八哥又说:"你给主人十金就可以,不要多给。"王爷一听就更高兴了,立马给了这个人十金。这个人故意装作十分懊悔的样子,然后离开了。王爷跟鸟说话,它都能很快应对。八哥说它要吃肉,吃完后又说:"臣要洗澡。"王爷命人在金盆里放上水,把笼子打开,让它洗澡。

洗完澡后,八哥飞到屋檐上,梳理它的羽毛,还跟王爷喋喋不休地说话。不一会儿,它的羽毛干了,旋转着飞起来,操着山西口音说:"臣走了!"王爷等人左右观望的时候,八哥已经消失了。王爷和内侍只能仰着头叹气,急忙让人找卖八哥那个人,发现那个人已经杳无音信了。后来,有去陕西的人,看见这个人带着八哥出现在西安的街市上。

八哥,也称"鸟""八八儿",是鸜鹆的别名。看起来像乌鸦,能学人说话。

清代《吴友如画宝》

清代《禽虫典》

鸩 zhèn

吃臭虫的野鸡

《中山经》

又东六十里，曰瑶碧之山。其木多梓枏，其阴多青雘（huò），其阳多白金。有鸟焉，其状如雉，恒食蜚，名曰鸩。

明代蒋应镐图本

形态 样子像野鸡
爱好 吃蜚虫
住址 瑶碧山

瑶碧山中有种鸟也叫鸠，它的样子像野鸡，喜欢吃蜚虫。这里的蜚虫可不是《东次四经》中太山上那种灭绝一切的蜚兽，而是一种臭虫。这种蜚虫虽然有害，但它是无毒的。这座山的鸠鸟也不是女几山上那种有毒的鸠鸟，它是无毒的。

清代汪绂图本

比翼鸟

bǐ yì niǎo

长在一起的两只鸟

《海外南经》

比翼鸟在其东,其为鸟青、赤,两鸟比翼。一曰在南山东。

清代《尔雅音图》

形态 长在一起的两只鸟,一只红色,一只青色
技能 只有两只鸟配合起来才能飞
住址 南山东边

比翼鸟是长在一起的两只鸟。它们有着青红相间的羽毛，颜色非常亮丽。由于每只鸟身上只有一个翅膀和一只眼睛，所以不能单独飞翔，只有雌雄两只鸟的翅膀配合起来，才能飞上天空。因此，比翼鸟常被用来形容夫妻恩爱。

在古代，黄河附近有个小村庄，村里有个孩子叫柳生，他能辨别各种鸟叫，慢慢地，他还能模仿鸟叫，甚至能以假乱真，招来很多小鸟和他玩。后来，柳生长大了，他的母亲因为病重，需要很多钱来治病。柳生从小和母亲相依为命，每天虽然很辛苦地干活，但也只能勉强吃饱饭。无奈之下，他卖身进了黄员外家做苦工。

后来，柳生因为一只金丝雀和黄家小姐相识，并日久生情。黄员外知道他们的事情以后，非常生气，就让家丁把柳生打了个半死，抬到了黄河边。

黄家小姐知道这件事后气血攻心，吐了一大摊血之后就去世了。人们看到一只美丽的小鸟从小姐的心口跳了出来。那只小鸟只有右边的翅膀，也不会叫，只是朝黄河边跑去了。它虽然不会飞，但跑得很快，一会儿就来到了黄河边。柳生看到这只小鸟之后也咽了气。众人看到从柳生的心口也跳出一只和那只小鸟一样的鸟，但它只有左边的翅膀。这两只小鸟合在一起飞走了。柳生和黄小姐真心相爱，死后变成了鸟儿，人们把这种鸟儿叫作比翼鸟。

此外，比翼鸟还有其他的象征意义。如果比翼鸟出现的话，则象征着当时的统治者实行王道和仁政，百姓们生活得很幸福。比翼鸟还象征着亲戚朋友和睦相处、互帮互助。

> 比翼鸟，中国古代传说中的鸟名，又叫鹣（jiān）鹣、蛮蛮。比翼鸟的象征意义全都是吉祥的，表现了人们对幸福、美好生活的向往和追求。

句芒 gōu máng

鸟身人首神

《海外东经》

东方句芒，鸟身人面，乘两龙。

明代蒋应镐图本

又名 重、木神、春神
形态 长着鸟一样的身子，却有一张人脸
技能 经常驾驭着两条龙上天入地
职能 东方之神、春天之神、生命之神

东方之神叫句芒，他长着鸟一样的身子，却有一张人脸。他经常驾驭着两条龙上天入地。句芒的名字叫重，是西方天帝少昊的儿子，后来成为东方天帝伏羲的助手，他们共同管理着东方一万二千里范围内的事务。

句芒是春天生长之神，又叫青帝。句芒还是生命之神。句芒在古代的地位非常重要，每到立春的时候，全国上下都要祭祀他，百官都要身穿青衣、戴青色的头巾。

他本来的样子是鸟身人面，骑着两龙，但是后来在祭祀仪式和年画中，他的形象发生了变化，变成了春天骑牛的牧童。他的头上有两个髻（jì），手里拿着柳鞭，又被称为芒童。

清代汪绂图本

传说，郑穆公有一次来到一座庙里，突然有个神走了进来。那个神有着鸟的身子，四方脸盘。郑穆公见了他吓得想跑，那神却说："你不用害怕，天帝知道你施行德政，派我来给你增寿十九年，并且让你的国家繁荣昌盛，六畜兴旺。"郑穆公连忙给这个神磕头，并说："请问尊神大名？"神说："我是句芒。"

根据《岁时记》的记载，立春前一日，各级官府的人都要带领队伍到东郊举行鞭春牛、迎春仪式。句芒就跟随在队伍左右，手里拿着彩鞭。这种仪式中的句芒被叫作"芒神"，因为他既是春神，又兼有谷神的职能，所以很多地方一直都有打春牛和祭农神的活动。

树鸟
开明南的一种鸟

shù niǎo

明代蒋应镐图本

《海内西经》

开明南有树鸟。

形态 像一般的鸟,有的说有六个头
住址 开明南

树鸟是开明南的一种鸟，对它的特征有各种不同的描述。不同学者对原文的断句不同，对树鸟的理解也不同。清代郝懿行断句为："开明南有树，鸟六首。"袁珂的断句为："开明南有树鸟，六首。"可见，树鸟可能是一种六头鸟。还有一种说法认为，"六首"与后文当中的"蛟"连在一起，合成"六首蛟"。

可见不同学者对《山海经》的断句不同，也会衍生出不同的神话形象。这也是神话变异的一种方式。

> 文史版"寻根溯源"栏目上期刊登的《华表原为"诽谤木"》一文中提到，华表、"诽谤木"源于《山海经》记载的"树鸟"。

三青鸟

sān qīng niǎo

三只神鸟

《西山经》

又西二百二十里,曰三危之山。三青鸟居之。

明代蒋应镐图本

形态 头上的羽毛是红色的,眼睛漆黑
住址 三危山,昆仑山的北面

西王母和三青鸟的所在地是在昆仑山的北面。三青鸟是三只神鸟，它们头上的羽毛是红色的，眼睛漆黑，平时栖息在西方第三列山系中的三危山上。青鸟是凤凰的前身，原来是力气很大、很擅长飞翔的猛禽，后来渐渐流传为色泽亮丽、体态轻盈的小鸟，是具有神性的吉祥物。

东汉班固在《汉武故事》中讲道：七月七日中午，汉武帝在承华殿斋戒，忽然看到从西方飞来了几只青鸟，栖息在大殿前面。汉武帝问东方朔，东方朔回答说："到傍晚，西王母的尊像一定会降临，皇上应该命人打扫好大殿等待西王母。"

那天晚上，天上没有云彩，隐隐地能听到雷声，漫天紫色。过了一会儿，西王母就到了。她乘坐着紫车，有玉女陪侍，周围青气如云。西王母下车以后，汉武帝迎上去拜见。等西王母就座之后，汉武帝向西王母求不死药。西王母说："最好的药有中华紫蜜、云山朱蜜、玉液琼浆；次一点的有五云之浆、风实云子、玄霜绛雪。上握兰园金精，下摘圆丘紫柰。你内心的情绪不能排遣，欲望太多，不死药并不能达到效果。"

西王母拿出来七枚桃子，自己吃了两枚，给了汉武帝五枚。汉武帝吃完把桃核留下了。西王母问他："你这是要做什么？"汉武帝说："这种桃子好吃，想种。"西王母说："这种桃子三千年一结果，人间的土是种不了的。"西王母留到五更时分，跟汉武帝谈论世事，却不肯说鬼神的事情，就离开了。

汉代的画像砖上，三青鸟经常站在西王母的座位旁边。三青鸟是有着三只脚的神鸟，在人间是见不到的，只有在蓬莱仙山可以看到。蓬莱山上没有路，只有靠青鸟传信。唐代诗人李商隐有诗云："蓬山此去无多路，青鸟殷勤为探看。"传说，西王母在驾临蓬莱山前，总有三青鸟先来报信。

> 文学上，三青鸟被当作传递信息的使者，后人将它视为传递幸福佳音的使者。它的头上有冠，尾巴上有长长的、彩色的尾翼，从它身上可以看到很多与凤凰相似的地方。

蜚蛭 fēi zhì

四翅昆虫

《大荒北经》

大荒之中，有山名曰不咸。有肃慎氏之国。有蜚蛭，四翼。

明代蒋应镐图本

形态 长着四个翅膀
住址 不咸山

大荒当中，有座山名叫不咸山，有个肃慎氏国，有一种能飞的蛭，长着四个翅膀。蜚蛭的原型是水蛭，以吸血为生。偶然一次机会，它吸到了腾蛇的血，进而有了一些腾蛇的特征，而后变成了兽首蛇身，还长出了四只翅膀，蜚蛭，又作"飞蛭"。蛭属于环节动物门，有水蛭、鱼蛭、山蛭等。这里所说的蛭有四个翅膀，像小昆虫一样，能在空中飞。

清代汪绂图本

九凤
jiǔ fèng
长着九个人头的凤凰

《大荒北经》

大荒之中,有山名曰北极天柜,海水北注焉。有神,九首人面鸟身,名曰九凤。

明代蒋应镐图本

形态 九个脑袋,人面鸟身
住址 北极天柜山

大荒之中有座山叫北极天柜山，海水从北面灌注到这座山中。山上有一个神人，名叫九凤。它长着九个脑袋，每个脑袋上都有一副人的面孔。它的脖子以下却是鸟的身子。它就是有名的九头鸟，是人们崇拜与信仰的鸟神。

九凤是古代中国神话中的神鸟，它以九头鸟的形象出现，最早源于楚人的九凤神鸟。"九凤"的神性，从它的名字即可得到证明。

由于凤凰是吉祥之鸟，古代帝王，如少昊、周成王即位时，据说都曾有凤凰飞来庆贺。楚人有崇凤的传统，大诗人屈原在《离骚》中写到神游天国部分时，第一句就是："吾令凤鸟飞腾兮，继之以日夜。飘风屯其相离兮，帅云霓而来御。"可以看出凤的地位有多重要。

> 马王堆出土的帛画，在天堂正中间人面蛇身神的周围，有几只大鸟环绕。在天堂的入口处，也有一只鹰嘴人面怪鸟和两只长尾凤鸟，可见在古代楚人的心目中，非常崇拜凤凰。直到现在，很多的饰品、衣服上还有凤凰图案，崇凤心理在民间审美情趣中还占有很重要的地位。

清代毕沅图本

清代汪绂图本

弇兹 yān zī

人面鸟身神

《大荒西经》

西海㳽（niǔ）中有神，人面鸟身，珥（ěr）两青蛇，践两赤蛇，名曰弇兹。

明代蒋应镐图本

形态　人面，鸟身，耳朵上挂着两条青蛇，脚下踩踏着两条赤蛇

住址　西海弇州

在西海的岛屿上，有一个神人，名叫弇兹，是西海渚中的海神。他长着人的面孔，却有着鸟的身子，耳朵上挂着两条青蛇，脚下踩踏着两条赤蛇。

四海之神的样子都很相似，都长着人的面孔和鸟的身子，耳朵上挂着两条蛇，脚下踩着两条蛇。但是，海神身边的蛇的颜色却不一样。南海之神不廷胡余的耳朵上挂着两条青蛇，脚下踩踏着两条红蛇；东海之神禺虢耳朵上挂着两条黄蛇，脚下踩踏着两条黄蛇；北海之神禺彊耳朵上挂着两条青蛇，脚下踩着两条青蛇。

> 弇兹生活在弇州，也就是今天山东省的兖州。今市区西三十里有山名嵫山，大概因有奄国在附近，所以嵫山又名崦嵫山、奄山，是神话中太阳所入的地方。

清代《神异典》

清代汪绂图本

三足乌

sān zú wū

三只脚的乌鸦

《大荒东经》

汤谷上有扶木,一日方至,一日方出,皆载于乌。

明代蒋应镐图本

形态 样子像乌鸦,有三只爪子
技能 背着太阳
住址 孽摇頵(xūn)羝(dī)山汤谷

在大荒之中，有一座山名叫孽摇頵羝山。山上有一道山谷叫作温源谷，也叫汤谷，是太阳洗澡的地方。汤谷上面长了棵扶桑树，一个太阳刚刚回到汤谷，另一个太阳就立即从扶桑树上出去，这些太阳都坐在三足乌的背上。三足乌的样子像乌鸦，有三只爪子。它有双重身份，除了和九尾狐、三青鸟一起作为西王母的侍者外，同时它还是太阳鸟，承担着运送太阳的职责。也有人认为三足乌是太阳中的精灵，当时后羿射日，射中了九个太阳，日中之乌被射死，从此不再危害人间。

> 太阳和鸟相合的观念出现极早，在后羿射日的神话中，就有后羿射中了九个太阳，九个太阳里的鸟都死了的传说。萧云从所画的后羿射日图中，被射下来的太阳就是乌。

五彩鸟
长着五彩羽毛的鸟

wǔ cǎi niǎo

《大荒东经》

有五采之鸟，相乡弃沙。惟帝俊下友，帝下两坛，采鸟是司。

明代蒋应镐图本

形态 长着五彩羽毛
习性 两两相伴，翩翩起舞
技能 掌管帝俊在下界的两座祭坛
住址 猗（yī）天苏门山附近

明代蒋应镐图本

　　有一群长着五彩羽毛的鸟，是和凤凰一样的祥瑞之鸟。它们两两相伴，翩翩起舞，天帝帝俊也从天上下来和它们交朋友。帝俊在下界的两座祭坛，就由这群五彩鸟掌管着。猗天苏门山附近有个国家叫䲰（zēng）民国，国内有綦（qí）山、摇山、𦊭山、门户山、盛山、待山等山峰，山上也同样有一群五彩鸟在起舞。

大荒之野中有座玄丹山，山上栖息着一种长着五彩羽毛的鸟，它们有一副人的脸孔，还有头发，名叫五色鸟。这里还有青鴍（wén）、黄鷔（áo），这些鸟有青色的，也有黄色的，虽然外表好看，却是凶鸟、祸鸟；它们的出现是不祥之兆，往往它们在哪个国家聚集栖息，哪个国家就会灭亡。

清代汪绂图本

清代汪绂图本

黄鸟 huáng niǎo

巫山神鸟

《大荒南经》

有巫山者，西有黄鸟。帝药，八斋。黄鸟于巫山，司此玄蛇。

清代《尔雅音图》

今名 黄莺、黑枕黄鹂
形态 黄色的鸟
爱好 吃昆虫、蚜虫或植物的果实和种子
住址 巫山

有一座山叫巫山,天帝的不死之药就藏在巫山的八个斋舍中。在巫山的西面栖息着黄鸟。黄鸟监视着玄蛇,不让它偷吃黄帝的不死之药。䮾(zhǔ)喜欢吃药草,玄蛇吃䮾,黄鸟又监管玄蛇,这三种动物一物降一物,是相互制衡的关系。

> 现代也有黄鸟,就是黄莺、黑枕黄鹂,喜欢吃昆虫、蚜虫或植物的果实和种子。它最大的特点是声音婉转动听,从外形上看和《山海经》中的黄鸟很像。

清代汪绂图本

明代《三才图会》

鸧䳑
qí yú

三头六尾爱笑的鸟

《西山经》

有鸟焉,其状如乌,三首六尾而善笑,名曰鸧䳑,服之使人不厌,又可以御凶。

清代《尔雅音图》

形态 外形像乌鸦,长着三个脑袋、六条尾巴
叫声 经常发出像人笑声般的声音
功效 人吃了它的肉,就不会做噩梦,还可以祓除凶邪之气
住址 翼望山

翼望山中栖息着一种鸟,它的名字叫鹞鵌。它的外形像普通的乌鸦,却长着三个脑袋、六条尾巴,还经常发出像人笑声般的声音。人吃了它的肉,就不会做噩梦,还可以避凶邪之气。

《北山经》中的带山上有一种鸟,也叫鹞鵌,它的样子像乌鸦,羽毛是五彩色。它是雌雄同体,可以自行繁殖,和翼望山的鹞鵌同名,但外形却不一样,也不属于同类。人吃了它的肉,就能不患痈(yōng)疽(jū)病。

清代毕沅图本

清代吴任臣近文堂图本

清代汪绂图本

当扈鸟
dāng hù niǎo
用髯飞翔的鸟

《西山经》

其鸟多当扈，其状如雉，以其髯（rǎn）飞，食之不眴（xún）目。

明代胡文焕图本

形态 样子像野鸡，但脖子上长着髯
技能 用髯毛当翅膀飞翔
功效 人吃了它的肉就能不眨眼睛
住址 上申山

清代《禽虫典》

上申山里最多的禽鸟便是当扈鸟，它的样子像普通的野鸡，但脖子上长着一圈须毛。它飞翔时不用翅膀，而是用须毛当翅膀来奋起高飞。

当扈鸟是一种怪鸟，样子像传说中的雉。它警觉性很高，总是朝着一个大致方向渐进又忽然急窜躲藏，能做到几乎不眨眼。捕捉它必须要目不转睛地盯着它，所以捉到它几乎是不可能的。据说，人吃了它的肉，就能不眨眼睛。

清代汪绂图本

明代蒋应镐图本

人面鸮

rén miàn xiāo

拖着狗尾巴的鸟

《西山经》

有鸟焉，其状如鸮而人面，蜼（wěi）身犬尾，其名自号也，见则其邑大旱。

明代蒋应镐图本

形态 样子像猫头鹰，人脸、猴身、狗尾
叫声 像是在喊自己的名字
技能 预示大旱灾
住址 崦（yān）嵫（zī）山

崦嵫山中还栖息着一种禽鸟，像一般的猫头鹰，却长着人面和猴身，后面还拖着一条狗尾巴，常被称作人面鸮，它啼叫起来就像是在呼唤自己的名字。这种鸟在哪个地方出现，哪里就会有大旱灾。

明代胡文焕图本

寓鸟

yù niǎo

像羊一样叫的蝙蝠

《北山经》

其兽多橐(tuó)驼,其鸟多寓,状如鼠而鸟翼,其音如羊,可以御兵。

明代蒋应镐图本

形态 样子和老鼠相似,长着鸟一样的翅膀
叫声 像羊叫
技能 预报军情
功效 人饲养它可以被除邪气,不受兵戈之苦
住址 虢(guó)山

虢山中的禽鸟大多是寓鸟，它的样子和老鼠相似，还长着鸟一样的翅膀。它发出的声音就像羊叫。据说，人饲养它可以被除邪气，不受兵灾。

　　郝懿行认为："此经寓鸟，盖蝙蝠之类，唯蝙蝠肉翅为异。"意思是说，《北次一经》中的寓鸟，和蝙蝠属于同一个类别，唯一不同的是，蝙蝠的翅膀不是肉翅。

　　《中国神话·奇兽·古物总集》中说，寓鸟有一对宽宽的翅膀，身形像老鼠，叫声像羊。这种鸟具有预报军情的特异功能，人把它养在家里，可以预防血光之灾、兵戈之害。

> 因为蝙蝠的"蝠"跟"福"谐音，寓意美好，所以中国自古以来就将它作为吉祥的象征，尤其是明清人，寓鸟也因此常常被作为服饰、器物的纹饰。

清代汪绂图本

清代吴任臣乾隆图本

鴢 jiāo

能入水捕鱼的鸟

《北山经》

鸟焉，群居而朋飞，其毛如雌雉，名曰鴢，其鸣自呼，食之已风。

明代蒋应镐图本

- **形态** 脖子细，身子长，颈上长着白色羽毛
- **技能** 入水捕鱼
- **功效** 人吃了它的肉就能治好风痹病，能解所中的各种鱼虾的毒
- **住址** 蔓联山

蔓联山中栖息着一种禽鸟，名字叫鵹。它们喜欢成群栖息，结队飞行。它的尾巴和雌野鸡相似，它叫的声音也像在喊自己的名字，它的肉能治风痹病。

传说，鵹可以避火。古时，江东人家就饲养鵹用来避除火灾。李时珍在《本草纲目》中还说，将鵹烤熟了吃，可以解所中的各种鱼虾的毒。《诗经》中，鵹又被叫作鵹雉。它脖子细，身子长，脖子上还长着白色羽毛，能入水捕鱼，被看作鸟类比武中的优胜者。

白鹇 bái yè

头上有花纹的白翅鸡

《北山经》

有鸟焉，其状如雉，而文首、白翼、黄足，名曰白鹇，食之已嗌（yì）痛，可以已痸（chì）。

明代蒋应镐图本

今名 雪雉
形态 样子像野鸡，头上有花纹，白色翅膀，脚是黄色的
技能 能判断人的善恶
功效 人吃了它的肉就能治愈咽喉疼痛，还可以治愈痴呆症、癫狂病
住址 单张山

单张山中生活着一种鸟，它的名字叫白䳇。它的样子像野鸡，但头上有花纹，翅膀上的羽毛是白色的，脚则是黄色的。吃了它的肉能治愈咽喉疼痛，还可以治愈痴呆症、癫狂病。

古人认为白䳇能判断人的善恶，被它判断是"善"的人，会得到它的保护；如果不幸被判断为"恶"人，白䳇会用一种极其残忍的方式将他杀掉。

日本也有关于䳇的传说。三十六歌仙中有一个人叫左近中将藤原实方，他在大殿上和藤原行成发生争吵，并把藤原行成的冠帽扔到了庭下，因此被一条天皇贬谪。接到天皇的敕令，又得知行成升迁的消息，藤原实方最终在998年郁郁而终。然而，藤原实方虽然死了，但他的怨念却盘旋在空中，久久不能消散。不久，日本各地都出现了一种怪鸟，它们到处吃庄稼，老百姓把这种鸟取名为䳇。

1153年的一天，东三条方向的森林里涌出的黑云般䳇鸟，遮盖住了平安京宫城，紫宸殿被频频骚扰。近卫天皇急忙召集群臣商量对策，大家一致推举当时武勇第一的源赖政去降魔除怪。到了丑时，黑云果然又出现了，无数䳇鸟从云团中现出身形。源赖政弯弓放箭，把领头的䳇射了下来。

明代胡文焕图本

后来，被射下的䳇的死尸引起了瘟疫，人们便将它的尸体放入原木空舟里，让它自鸭川（也有说淀河）顺流而下。之后，这艘小船漂到了泽上江的渚（即如今大阪的都岛区），村民们唯恐大祸临头，都虔诚地祭奠䳇，并将它埋葬了。由此，这里就被称为"䳇冢"，而且广为流传。

竦斯 sǒng sī

人面神鸟

《北山经》

有鸟焉,其状如雌雉而人面,见人叫跃,名曰竦斯,其鸣自呼也。

明代蒋应镐图本

形态 样子像雌野鸡,长着人的面孔
叫声 像是在喊自己的名字
习性 一看见人就跳跃起来
住址 灌题山

灌题山中还生活着一种鸟，名字叫𩿅斯。它的样子像雌野鸡，但却长着人的面孔，一看见人就跳跃起来。这种鸟叫起来就像是在呼唤自己的名字。

在古代神话中，人面鸟身是个很常见的形象。除了𩿅斯外，黄帝的儿子禺虢（guó）和孙子禺疆（又名禺京），东方大神句芒都是人面鸟身。

《西山经》中写道，鹿台山上有一种鸟叫凫徯，它也是人面鸟身，只不过它看起来像雄野鸡，它的叫声也像是在喊自己的名字。由此可推测，凫徯和𩿅斯有可能是同一种生物。

明代胡文焕图本

清代吴任臣乾隆图本

䰣pán 鶓mào

昼伏夜出的人面鸦

《北山经》

有鸟焉，其状如乌，人面，名曰䰣鶓，宵飞而昼伏，食之已暍。

明代蒋应镐图本

今名 训狐
形态 样子像乌鸦，长着一张人脸
习性 昼伏夜出
技能 在夜间，它的眼睛可以看见细小的蚊虫
功效 吃了它的肉可以治愈热病和头风
住址 北嚣山

北嚣山中生活着一种禽鸟，它的样子像一般的乌鸦，却长着一张人的面孔，名字叫鸒鹛。它属于鸺（xiū）鹠（liú）类，个头较大，现在的人把它称为训狐。

据说，在夜间，鸒鹛的眼睛可以看见细小的蚊虫；然而白天时，它却连大山都看不见。所以，它必须等到夜幕降临之后才出来捕食蚊虫，白天的时候就躲起来。据说，人吃了鸒鹛的肉可以治愈热病和头风。

有人说鸒鹛是鸮的别名，也就是猫头鹰。它昼伏夜出的习性跟猫头鹰是一样的。

清代汪绂图本

象蛇 xiàng shé

长着五彩羽毛的野鸡

《北山经》

有鸟焉，其状如雌雉，而五采以文，是自为牝牡，名曰象蛇，其鸣自詨（xiào）。

明代蒋应镐图本

今名 马鸡
形态 像雌性野鸡，羽毛上有五彩斑斓的花纹，雌雄同体
叫声 像在喊自己的名字
住址 阳山

阳山中生活着一种鸟，名字叫象蛇。它的外形像雌性野鸡，而羽毛上有五彩斑斓的花纹。它一个身子上兼有雌雄两种性器官，所以，它不用交配就能自我繁殖。它发出的叫声便是自身名称的读音。

> 在《山海经》中，除了象蛇，还有一种雌雄同体的鸟叫鹒䲣，传说吃了它的肉还能不生疽病。

酸与 suān yú

三脚六眼蛇

《北山经》

有鸟焉,其状如蛇,而四翼六目三足,名曰酸与,其鸣自詨(xiào),见则其邑有恐。

明代蒋应镐图本

- **形态** 样子像蛇,长有两对翅膀、六只眼睛、三只脚
- **叫声** 像是在喊自己的名字
- **技能** 它在哪里出现,哪里就会发生可怕的事情
- **功效** 它的肉可以使人不醉
- **住址** 景山

景山中栖息着一种鸟，名字叫酸与。它外形像蛇，却长有两对翅膀、六只眼睛、三只脚。它啼叫起来就像是在呼唤自己的名字。酸与是一种凶鸟，它在哪个地方出现，哪里就会发生可怕的事情。据说，人吃了它的肉，喝酒便不会醉。

> 汪本的酸与样子像蛇，六目、四翼、三足，比较符合《山海经》中记载的样子。吴本中，酸与是鸟的样子，与汪本中造型明显不同。

清代汪绂图本

清代吴任臣图本

黄鸟 huáng niǎo

白脑袋的黄色猫头鹰

《北山经》

有鸟焉,其状如枭而白首,其名曰黄鸟,其鸣自詨(xiāo),食之不妒。

清代汪绂图本

- **形态** 外形像猫头鹰,却长着白色的脑袋
- **叫声** 好像在喊自己的名字
- **功效** 吃了它的肉,就不会产生嫉妒心
- **住址** 轩辕山

泰头山再往东北二百里是轩辕山。山上盛产铜，山下生长着茂密的竹林。山中栖息着一种禽鸟，名字叫黄鸟。它的外形像猫头鹰，却长着白色的脑袋，它叫起来就好像在呼唤自己的名字。古人认为，吃了它的肉就不会产生嫉妒心。

古人误以为黄鸟就是黄莺，因此他们认为黄莺也可以治疗嫉妒心。梁武帝萧衍的皇后郗（xī）氏生性嫉妒，容不下梁武帝的其他嫔妃。梁武帝知道后曾让她信佛，还请高僧给她讲经，但她依然嫉妒。后来，梁武帝又把黄莺做成食物给郗氏吃，希望能治愈她的嫉妒心，结果当然是于事无补。

黄鸟小巧可爱，古灵精怪，有不少名人画家都以它为内容创作过作品。

清代汪绂图本

精卫 jīng wèi

衔木填海的乌鸦

《北山经》

有鸟焉，其状如乌，文首、白喙、赤足，名曰精卫，其鸣自詨（xiāo）。

明代蒋应镐图本

形态 样子像乌鸦，头部的羽毛上有花纹，白嘴、红爪
叫声 像是在喊自己的名字
技能 衔木填海
住址 发鸠山

神囷（qūn）山再往北二百里是发鸠山，精卫就住在这座山中。它的外形看起来像乌鸦，但它头部的羽毛上有花纹，还长着白色的嘴巴、红色的爪子。它发出的叫声像是在喊自己的名字。

精卫原是炎帝的小女儿，名叫女娃。女娃十分乖巧，炎帝视她为掌上明珠。女娃非常想让父亲带她去东海玩，可是炎帝每天忙于公事，总是不能带她去。这一天，女娃没告诉父亲，一个人驾着一只小船向太阳升起的地方划去。不幸的是，海上突然刮起狂风大浪，女娃不幸被大海吞没。

女娃死后，她的精魂化作一只小鸟，花脑袋、白嘴壳、红脚爪，发出"精卫——精卫——"的悲鸣，因此，人们便叫此鸟为"精卫"。精卫痛恨大海夺去了自己年轻的生命，所以它要报仇雪恨。因此，它从发鸠山上衔起一粒粒小石子或树枝，展翅高飞，一直飞到东海。它在波涛汹涌的海面上回翔悲鸣着，把石子或树枝投下去，想把大海填平，成年累月，从不停息。

> 精卫因锲而不舍的精神、善良的愿望、宏伟的志向，受到人们的尊敬。晋代诗人陶渊明在诗中写道："精卫衔微木，将以填沧海。"高度赞扬精卫敢于向大海抗争的战斗精神。后世人们也常常用"精卫填海"比喻志士仁人所从事的艰巨卓越的事业。

清代汪绂图本

明代胡文焕图本

清代《禽虫典》

124　陪孩子读《山海经》· 禽鸟篇

魐雀
qí què

长着鼠脚虎爪的鸡

《东山经》

有鸟焉，其状如鸡而白首，鼠足而虎爪，其名曰魐雀，亦食人。

明代蒋应镐图本

今名 胡兀鹫（jiù）
外貌 看起来像鸡，却长着老鼠一样的脚、老虎一样的爪子
技能 吃人
住址 北号山

北号山里生活着一种鸟，名字叫䳜雀。它看起来跟普通的鸡一样，但它的脑袋是白色的，脚像老鼠脚，还长有老虎一样的爪子。它还会吃人。

明朝崇祯年间，凤阳这个地方出现了很多坏鸟，长着兔子一样的头、鸡一样的身子、老鼠一样的脚，应该就是䳜雀。当时，人们说它的肉很好吃，但是骨头有剧毒，人吃了就会被毒死。它和猳狙一样，也经常祸害人类。

清代汪绂图本

清代萧云从《天问图》

清代《禽虫典》

鸱鹕
长着人脚的鸳鸯

lí
hú

《东山经》

沙水出焉，南流注于涔（cén）水，其中多鸱鹕，其状如鸳鸯而人足，其鸣自详（xiāo），见则其国多土功。

今名 䴙（tí）䴘（hú）
外貌 体形像鸳鸯，长着人脚，发出的鸣叫声有如呼唤自己的名字
技能 预示劳役
住址 卢其山沙水

耿山再往南三百里是卢其山，山上没有花草树木，遍地都是沙石。山里有条河叫沙水，鹢鹕就住在沙水边。鹢鹕又叫鹈鹕，它的样子像鸳鸯，却长着一双人脚。它发出的鸣叫声像呼唤自己的名字。鹢鹕在哪个国家出现，哪个国家就会发生劳役。秦始皇下令修筑万里长城的时候，鹢鹕就和狸力一同出现过。

> 现在的鹢鹕也叫伽蓝鸟、淘河鸟、塘鹅。它有两米长，羽毛大多是白色的，翅膀又大又宽阔，下巴下面有一个大的皮囊，能伸缩，可以用来兜住小鱼等食物。

清代汪绂图本

清代《尔雅音图》

鶡 hé

头上长角的野鸡

《中山经》

中次二山济山之首,曰辉(huī)诸之山。其上多桑,其兽多闾麈,其鸟多鶡。

清代《禽虫典》

外貌 比野鸡稍微大一些,羽毛青色,长有毛角

爱好 好斗,不死不休

住址 辉诸山

济山山系的头一座山叫作辉诸山，山上生长着茂密的桑树林，还有很多飞禽走兽，其中山驴和麋鹿比较多，鹖鸟是这座山里数量最多的鸟。鹖鸟体形比野鸡稍微大一些，羽毛是青色的，还长有毛角。鹖鸟天生凶猛好斗，而且争斗起来绝不认输，直到斗死为止。于是，人们把它看作勇猛的象征。

传说黄帝和炎帝在阪泉大战的时候，黄帝的军队举着画有雕、鹰之类猛禽的旗帜，其中就有鹖鸟，因为它勇猛、不怕死。古代武官的帽子，都用鹖鸟作为装饰，叫作鹖冠，以此来显示武士的勇猛。

鹖鸟很有可能就是今天的褐马鸡。马鸡是中国特有的珍稀鸟类，被列为国家一级保护动物，褐马鸡是马鸡中最为名贵的种类。

鴢 yǎo

红眼红尾鸭

《中山经》

其中有鸟焉，名曰鴢，其状如凫，青身而朱目赤尾，食之宜子。

明代蒋应镐图本

- **形态** 看起来像野鸭，青色身子，浅红色眼睛、深红色尾巴，脚靠近尾巴
- **习性** 不能走路，常混在野鸭群中游泳
- **功效** 吃了它的肉能使人子孙兴旺
- **住址** 青要山畛（zhěn）水

畛水从青要山发源，奔流出山涧后向北流淌，最后注入黄河。水边住着一种禽鸟，名字叫鴢。它看起来像野鸭，但有着青色的身子，还长着浅红色的眼睛和深红色的尾巴。由于鴢的脚太靠近尾巴，导致它不能走路，所以它经常混在野鸭群中游泳。据说吃了它的肉能使人子孙兴旺。

清代《禽虫典》

明代胡文焕图本

图书在版编目（CIP）数据

陪孩子读《山海经》. 禽鸟篇 / 徐客著. -- 南京：江苏凤凰美术出版社, 2019.1（2020.7重印）

ISBN 978-7-5580-5490-7

Ⅰ. ①陪… Ⅱ. ①徐… Ⅲ. ①历史地理 – 中国 – 古代 – 少儿读物 Ⅳ. ①K928.631-49

中国版本图书馆CIP数据核字(2018)第256579号

监　　制	黄利　万夏
选题策划	紫图图书ZITO®
责任编辑	王林军　奚鑫
特约编辑	朱彦沛
营销支持	曹莉丽
封面上色	邱妍婷
装帧设计	紫图装帧
责任监印	生嫄

书　　名	陪孩子读《山海经》·禽鸟篇
著　　者	徐客
出版发行	江苏凤凰美术出版社（南京市中央路165号　邮编：210009）
出版社网址	http://www.jsmscbs.com.cn
制版印刷	艺堂印刷（天津）有限公司
开　　本	787mm×1092mm　1/16
总 印 张	44
版　　次	2019年1月第1版　2020年7月第5次印刷
标准书号	ISBN 978-7-5580-5490-7
总 定 价	199.00元（全四册）

营销部电话　025-68155790　营销部地址　南京市中央路165号
江苏凤凰美术出版社图书凡印装错误可向承印厂调换
未经许可，不得以任何方式复制或抄袭本书部分或全部内容
版权所有，侵权必究